POR QUÉ EXISTEN LAS REGLAS FAMILIARES

ERIN DAY

TRADUCIDO POR ESTHER SARFATTI

PowerKiDS press
New York

Published in 2019 by The Rosen Publishing Group, Inc.
29 East 21st Street, New York, NY 10010

First Edition

Translator: Esther Sarfatti
Editorial Director, Spanish: Nathalie Beullens-Maoui
Editor, Spanish: Natzi Vilchis
Editor, English: Jennifer Lombardo
Book Design: Tanya Dellaccio

Photo Credits: Cover hanapon1002/Shutterstock.com; p. 5 Rido/Shutterstock.com; p. 7 JaySi/Shutterstock.com; p. 9 Aphichart/Shutterstock.com; p. 11 Monkey Business Images/Shutterstock.com; p. 13 andresr/E+/Getty Images; p. 15 Steve Debenport/E+/Getty Images; p.17 Pascal Broze/ONOKY/Getty Images; p. 19 Jamie Grill/Getty Images; p. 21 Svitlana-ua/Shutterstock.com; p. 22 pikselstock/Shutterstock.com.

Cataloging-in-Publication Data

Names: Day, Erin.
Title: Por qué existen las reglas familiares / Erin Day.
Description: New York : PowerKids Press, 2019. | Series: Por el bien común | Includes glossary and index.
Identifiers: LCCN ISBN 9781538335505 (pbk.) | ISBN 9781538335499 (library bound) | ISBN 9781538335512 (6 pack)
Subjects: LCSH: Parent and child–Juvenile literature. | Children–Conduct of life–Juvenile literature. | Families–Juvenile literature.
Classification: LCC HQ755.85 D29 2019 | DDC 306.874–dc23

Manufactured in the United States of America

CPSIA Compliance Information: Batch #CS18PK: For Further Information contact Rosen Publishing, New York, New York at 1-800-237-9932

CONTENIDO

Tu familia es una comunidad

Cuando escuchas la palabra "comunidad", probablemente pienses en tu barrio o en tu ciudad. Pero una familia también es un tipo de comunidad. A un grupo de personas que viven o trabajan en el mismo lugar, y tienen intereses y valores similares, se le llama *comunidad*.

Cuando trabajas por el bien común significa que haces cosas que **benefician** a todas las personas de tu comunidad. Existen muchas maneras de contribuir, o dar algo, al bien común de tu familia. Una forma de hacerlo es seguir las reglas en casa. Así tu familia será feliz y funcionará mejor.

Las reglas mantienen el orden

Seguramente en tu familia haya muchas reglas. Tal vez, te parezca que son demasiadas. Pero no te desanimes: todas las familias tienen reglas. Es importante que haya reglas; sin ellas habría caos, o una falta total de orden. El caos no es bueno para nadie.

Las familias tienen reglas por muchas razones. Una de las principales es que las reglas mantienen el orden. Cuando hay orden, una familia puede funcionar mejor. Así el hogar es un lugar más **pacífico**, lo cual hace más felices a todos los miembros de la familia. Cuando todo el mundo sigue las reglas, las familias se llevan mejor.

Responsables y respetuosos

Las reglas ayudan a que los miembros de la familia aprendan a ser responsables. Esto significa que los demás pueden confiar en que harás lo correcto, como compartir con tus hermanos. También significa que pueden confiar en que harás las cosas que debes hacer, como dar de comer a la mascota familiar.

Algunas reglas sirven para que los miembros de una familia tengan buenos **modales**. En muchas familias existe la regla de decir "por favor" y "gracias". Pero ten en cuenta que las reglas de tu familia no son para usar solamente en casa. También debes seguirlas cuando estás fuera de casa. Portarse de manera **educada** es bueno para todos, estés donde estés.

JOHN

Cuando sigues las reglas familiares, demuestras que respetas a tu familia y que comprendes que tus padres tienen buenas razones para establecer esas reglas. Seguir reglas como lavarte las manos antes de comer, o hacer tu cama cada mañana, demuestra que sabes cuidar de ti mismo y de tus **pertenencias**.

¡Sigue las reglas!

Las reglas ayudan a los miembros de la familia a llevarse bien. Cuando todos siguen las reglas, hay menos conflictos o peleas. Si rompes una regla, como ver la televisión antes de terminar tu tarea, te puedes meter en problemas. Tal vez tus padres se enojen contigo o te castiguen. Es mejor para todos si cumples las reglas.

Las familias establecen las reglas según lo que consideran que es importante. Es posible que en tu familia haya reglas diferentes a las de la familia de un amigo tuyo. Por ejemplo, quizá en tu familia se permita llevar zapatos dentro de casa, mientras que en casa de tus amigos tal vez no se permita. Cuando vayas de visita, asegúrate de ser educado y seguir las reglas de la familia de tu amigo.

Familias felices

Las familias tienen reglas para tener orden en sus hogares y sus vidas. Las reglas ayudan a la familia a llevarse bien y a trabajar juntos. Si trabajas por el bien común de tu familia y sigues las reglas, todos se benefician, son más felices y tienen más tiempo de **calidad** para pasarla juntos.